LA

BAYONNETTE FRANÇAISE

BAYONNETTE FRANÇAISE

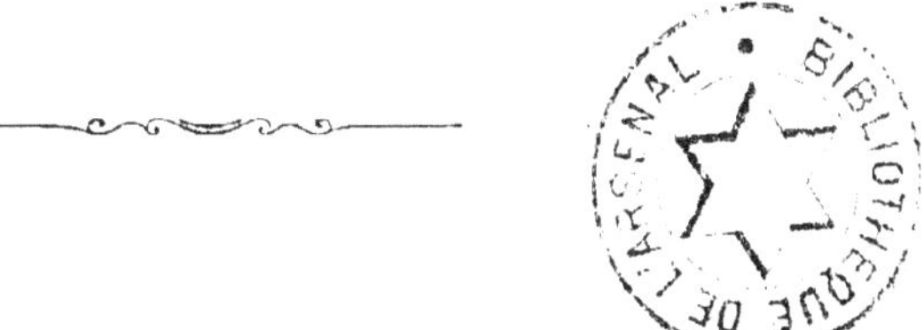

Quelle que soit la gloire de nos armes dans le passé, l'opinion publique est loin d'être rassurée sur l'issue des guerres futures que la France aura à soutenir, soit qu'elle se tienne sur la défensive si peu propre à son caractère, soit que, d'après ses antiques traditions, elle cherche à transporter le théâtre de la lutte sur le sol étranger. Les progrès de la science destructive, qui se manifestent tous les jours par des découvertes nouvelles, et la transformation répétée des engins de guerre, semblent vouloir laisser le dernier mot au plus habile, non seulement dans l'invention, mais encore dans les mesures plus ou moins efficaces à en cacher le secret, témoin notre canon rayé dans la guerre d'Italie, et le canon Krupp des Prussiens qui nous fut si fatal dans la dernière guerre.

Les esprits sérieux et réfléchis, malgré leur confiance dans la valeur de notre armée et la fortune de la France, sont en droit de se demander si cette valeur qui a porté si haut la gloire de la Patrie, devra se reléguer au second plan et céder la parole sans protestation au canon le plus léger, le plus rapide et portant son projectile le plus loin. L'exemple que nous offre la dernière guerre semble le faire craindre, et, dans ce cas, notre bonne étoile nous aura-t-elle gratifiée de ce canon sans pareil ? Ici, naturellement, chacun doute et, quelque soit son chauvinisme, n'ose plus faire autre chose que des vœux semblables à un billet de loterie placé sous la protection du hasard.

Sans doute, les hommes de science ne nous manquent pas, et nous n'avons sous ce rapport rien à envier aux autres nations; mais, outre que nous sommes peu pressés à accepter un progrès et à le mettre en pratique — par exemple notre insouciance à l'égard du canon à longue portée de campagne se chargeant par la culasse — nous resterons encore dans l'inconnu, car un plus habile, chez nos adversaires, aura pu faire mieux sans que nous le sachions autrement que par la plus douloureuse expérience.

Le succès des combats futurs sera-t-il donc réservé aux découvertes ou inventions d'un simple mécanicien ou d'un chimiste, et n'avons-nous rien à mettre dans la balance si la fortune nous prive de ces hommes de génie? Sans doute nous faisons tous nos efforts pour rendre notre armée forte et capable de rivaliser en nombre avec celle de nos plus puissants voisins. Notre armée active, nos réserves et l'armée territoriale réuniront ensemble un chiffre respectable, quand une fois nos représentants auront bien voulu voter la loi qui permettra au gouvernement de réaliser la plus vive espérance de la nation. Ils ne se sont pas pressés de le faire jusqu'à ce jour, comme si le danger n'était pas de tous les instants. Notre armement se complète : nous aurons, dit-on, de très bons canons, le chassepot transformé et une bayonnette plus légère. On construit des forts qui protégeront les points les plus importants et ne laisseront rien à désirer pour la défense intérieure et des frontières quand ils seront achevés ; espérons encore qu'il ne surviendra aucune complication avant cette époque et que nos représentants n'auront pas lieu de se repentir de leur malheureuse parcimonie qui nuira au prompt achèvement d'un travail bien digne d'éveiller toute leur sollicitude. Leur économie mal entendue dans cette circonstance pourrait nous coûter cher. Un simple coup d'œil sur ce qui s'est passé en Allemagne, depuis la dernière guerre, aurait dû les éclairer.

Enfin, espérons — car tout en France n'est jusqu'à présent qu'en espérance — qu'à un moment donné nous aurons des hommes exercés, en nombre suffisant pour couvrir de leur poitrine les endroits laissés en souffrance sur notre territoire.

Nous disons des hommes exercés, là est le vif de la question que nous nous proposons de traiter.

Une vieille vérité bien connue de toute l'Europe, pour ne pas dire du monde entier, c'est que la valeur individuelle du soldat français est d'une incontestable supériorité. Sa souplesse, sa légèreté, son intelligence et son mépris du danger le rendent irrésistible lorque la direction qui lui est imprimée répond à sa nature. Toutes les nations lui ont rendu cette justice, et si dans la dernière guerre il ne lui a pas été donné de faire suffisamment preuve des qualités qui le distingue, c'est que, outre le nombre sans cesse renaissant qui lui fut opposé, il a été rarement mis face à face avec l'ennemi qu'il avait à combattre.

Impressionnable et nerveux (nous le supposons, comme dans notre armée actuelle, avec une moyenne de trois ans de service), il est peu propre à l'immobilité, au calme et partant à la fermeté pour soutenir et répondre longtemps à un feu nourri, surtout lorsque les coups lui viennent d'une distance inconnue et d'ennemis invisibles. Mais lancez-le en avant, il reprend comme par magie tout son sang-froid et surtout sa gaieté qui fait son entrain. Rien ne saurait alors l'arrêter : il se précipite sur l'ennemi, sans se soucier du nombre ni de ses coups, et renverse tout sur son passage.

Les campagnes du second Empire, la dernière exceptée, nous offrent des exemples frappants de cette vérité, et ont révélé dans l'armée française — qu'on le veuille ou non — une nouvelle manière de combattre due à l'initiative de nos soldats qui se l'assimilèrent dans les guerres d'Afrique, où le génie du caractère français se développa par une très grande liberté individuelle qui lui fut laissée dans les combats ; et nous entendons par liberté individuelle celle des petites fractions constituées, tels que bataillons, compagnies, sections, etc; et par combattants depuis le chef de bataillon jusqu'au dernier soldat, qui sont inséparables dans la lutte.

Rappeler quelques batailles livrées dans ces mémorables campagnes, démontrera mieux que les plus judicieuses appréciations les aptitudes de notre armée.

La manière de combattre fut à peu près la même dans chacune d'elles. Nous ne parlerons pas de la science des généraux qui se défend d'elle-même ; il ne nous appartient pas, du reste, de porter un jugement si haut.

Nous remarquons, dans la campagne de Crimée, les batailles de l'Alma, d'Inkermann et de Traktir ; puis l'assaut de Malakoff et les combats de tranchées. L'Alma ne fut qu'une simple charge à la bayonnette. A Inkermann, les Russes, par une surprise contre le corps anglais, tentèrent de percer notre centre et y auraient peut-être réussi sans l'arrivée au pas de course de la division Bosquet, qui les culbuta dans le ravin sans tirer un seul coup de fusil. A la bataille de Traktir, 2,000 fantassins français montrèrent ce que peut la valeur contre le nombre, en arrêtant pendant plus d'une heure une colonne profonde composée de soixante-mille Russes. Ces deux mille hommes isolés à la droite de notre ligne, à la vue de cette masse en marche, sautant sur leurs fusils, se ruèrent contre elle sans même se soucier des tirailleurs qui la précédaient, et à coups de bayonnette, coups de crosse, l'œil en feu, la joue en flammes, la harcelèrent sans paix ni trève, culbutant les premiers rangs sur les seconds, et l'arrêtèrent assez de temps pour permettre aux secours d'arriver. Le général en chef russe blessé et pris par un de ces lions, ne put revenir de son étonnement quand il apprit que c'était là pour le moment toutes nos forces. Ce fait se passe de commentaires.

Nous n'avons cité que pour mémoire les combats dans les tranchées et l'assaut de Malakoff, où la bayonnette a joué son rôle naturel.

La campagne d'Italie vient affirmer plus victorieusement encore l'efficacité de la bayonnette dans la main de nos soldats, et pourtant l'armée autrichienne était déjà munie de beaucoup de fusils à longue portée.

Les opérations débutèrent par une reconnaissance offensive de la division du général Forey. Cette division était en marche lorsqu'une décharge d'artillerie sur sa tête de colonne révéla la présence de l'ennemi sur une éminence que nos troupes gravissaient.

La colonne pouvait éprouver des pertes graves, sinon un échec, si elle s'était déployée sous le feu de l'ennemi ou avait voulu former méthodiquement des colonnes d'attaque. Au lieu de cela, les bataillons de la tête, sans attendre des ordres difficiles à donner sur une route et dans des conditions pareilles, sautèrent à droite et à gauche de la route, et au pas de course, à travers les vignes, se jetèrent sur l'ennemi, la bayonnette en avant, et le forcèrent en quelques instants à une retraite précipitée.

Palestro, qui suivit ce fait d'armes, nous offre un exemple plus caractéristique encore : l'Empereur avait mis le 3e régiment de zouaves à la disposition du roi Victor-Emmanuel qui, au moment où nous traversions la Chiese, était engagé avec un corps autrichien. Ce régiment se reposait en attendant que le roi eut besoin de lui.

Une batterie ennemie de huit pièces de canon, dans une bonne position, couvertes par des rizières pleines d'eau, disputait vivement la victoire : vint le moment où il fallait céder la place ou prendre la batterie. Le roi appela les zouaves et leur montra ce qu'il attendait d'eux. Mettre sac à terre, s'élancer comme un torrent à travers la mitraille, dans l'eau jusqu'aux genoux, tuer ou prendre les canonniers sur leur pièce et crier victoire fut l'affaire de quelques minutes !

Qui ne se souvient de cette brigade de grenadiers de la garde, escortant l'Empereur dans une reconnaissance au pont du Tessin où elle fut surprise par l'arrivée d'un corps ennemi de 20,000 hommes ? Les prodigieuses charges à la bayonnette de cette brigade sont encore présentes à la mémoire de tous. Par de rudes assauts, elle sut conquérir et garder des positions capitales contre un ennemi quatre fois plus nombreux, et par sa valeur elle préluda dignement à la mémorable bataille de Magenta, qui ne fut aussi, de notre part, qu'une succession de charges à la bayonnette.

La bataille de Solférino couronna cette campagne par un des plus grands combats des temps modernes : près de quatre cent mille hommes s'y rencontrèrent sur un terrain très connu des Autrichiens et tout nouveau pour nous. On se rappelle les positions formidables occupée par l'ennemi. Rien n'avait été négligé de la part du roi François-Joseph et de ses généraux, pas même le bénéfice d'une surprise, en simulant un départ au delà du Mincio pour revenir dans la nuit reprendre leurs positions.

C'était le cas ou jamais pour les théoriciens d'appeler à leur aide l'art tactique des batailles ; ils ne le tentèrent même pas et eurent raison. L'élan était donné ; revenir à la méthode régulière du combat classique eut été impossible.

Sauf l'artillerie qui s'essaya dans cette bataille, ce fut encore et comme toujours par des charges à la bayonnette successives et répétées de 5 heures du matin à 4 heures du soir, sur un immense développement de ligne, que notre infanterie chassa l'ennemi de toutes ses positions et le mit dans une déroute complète.

Que devons-nous conclure de tous ces exemples ? Ne nous est-il pas permis d'affirmer que cette manière de combattre, propre au tempérament français, et indiqué par nos soldats, est la plus efficace, et nous dirons, sans crainte de nous tromper, la plus humaine ? En effet, une charge, quelque furieuse qu'elle soit, fait relativement beaucoup moins de victimes de part et d'autre, qu'un feu non in-

terrompu jusqu'à ce que l'une des parties soit ébranlée par ses pertes, ou cède le terrain, et les résultats sont sans aucun doute plus
immédiats.

Si les guerres d'Afrique n'ont pas été une bonne école pour nos
généraux — ce que nous ne voulons pas vérifier — elles ont fourni,
comme nous le faisons remarquer plus haut, à nos officiers, sous-
officiers et soldats, une occasion unique de révéler en eux des aptitudes résultant de leur tempérament, qu'ils ont su appliquer victorieusement dans toutes nos campagnes du Second-Empire. Ce qui
faisait dire à nos fantassins en Italie qu'on pouvait hardiment réduire de moitié la dépense résultant de la fabrication de la poudre et des balles. Il serait injuste de s'en prendre à eux si, dans la
dernière campagne, les mêmes résultats n'ont pas été obtenus : outre la supériorité écrasante bien connue du nombre qui leur fut opposé, il aurait fallu, comme dans les campagnes précédentes, les
mettre face à face avec l'ennemi pour juger de leur valeur et non
les laisser canonner à des distances inconnues jusqu'alors. Les Allemands apprirent à les connaître dans les premiers combats ;
aussi, malgré la supériorité de leur nombre, se hâtèrent-ils, après
les premières batailles sur la frontière et autour de Metz, où ils
furent plusieurs fois sur le point de plier bagages, de soustraire
leur infanterie aux coups de la nôtre et de se servir le plus souvent
de l'incontestable supériorité de leur artillerie.

Comme nous ne pouvons plus savoir où s'arrêteront les progrès de
la science dans la découverte des meilleurs engins de guerre, ne serait-il pas sage de nous préparer à en neutraliser les effets par l'emploi judicieux des aptitudes de nos soldats? Sans doute, le système
du combat à l'arme blanche peut avoir quelquefois des inconvénients
passagers et de détail ; il n'exclut pas l'emploi du tir à la perfection
duquel nous devons donner tous nos soins ; mais quand on nous
parle déjà de canons de campagne allemands — pour ne citer que
cette nation — d'une portée de 8,000 mètres et d'une grande efficacité
à 4,600, on peut se demander si, dans les guerres futures, il suffira
à une puissance d'avoir le meilleur canon pour asservir toutes les
autres à sa loi. Nous ne le pensons pas ; en tous cas, nous, Français,
nous pouvons éviter cette humiliation si nous le voulons ; les exemples cités plus haut en sont une preuve éclatante.

La science pourra inventer tout ce qu'elle voudra, nous avons
dans notre sang une valeur inimitable qui défie toutes les contrefa

çons ; sachons nous en servir, et si nous n'avons pas le meilleur canon, nous irons, comme les zouaves à Palestro, prendre ceux de nos ennemis.

Que faut-il pour seconder les aptitudes de nos soldats ? Tout simplement les soumettre à un exercice qui les y prépare, c'est-à-dire à tout ce qui développe la souplesse et l'agilité du corps, concurremment avec la précision et l'adresse dans le tir, deux choses souverainement négligées et reléguées au second plan jusqu'à ce jour. En effet, les écoles du soldat, de peloton, de bataillon et les évolutions de ligne absorbent le meilleur temps de l'année ; c'est à peine si quelques exercices sont consacrés dans l'école du soldat à l'escrime à la bayonnette. Et que le champ de tir soit trop loin, ou tout autre motif inexplicable et contraire aux instructions ministérielles, on se hâte, dans les séances de tir, de brûler le nombre de cartouches consacrées annuellement à l'instruction des hommes, sans autre résultat que quelques balles mises dans la cible, le plus souvent sans se soucier des principes.

Le temps laissé libre par ces interminables manœuvres est partagé entre des théories qui auraient plus de valeur si le service en campagne et le tir en faisaient plus souvent l'objet ; et les écoles du premier et du second degré, dans lesquelles un peu de charlatanisme aidant, on cherche à faire croire que l'on a obtenu des succès. Un colonel en retraite, bien compétent en cette matière, a dernièrement fait justice de cette plaisanterie.

L'armée n'est pas chargée de perdre son temps, plus précieux dans l'avenir qu'on ne pense, en remplaçant des pères de famille trop négligents au détriment de la bonne défense de la Patrie. Qu'après trois ans d'école, un homme sache plus ou moins épeler, cela n'augmentera en rien sa valeur militaire. Il n'y a que bien peu d'exemples, et on les cite, d'hommes ne sachant ni a ni b, qui aient appris au régiment assez à lire et à écrire pour occuper l'emploi de caporal, qui pourtant est loin de réclamer le diplôme de bachelier.

Puisque nous avons cru bien faire en ne permettant plus à nos soldats de vieillir sous le harnais, profitons de leur jeunesse pour leur donner la souplesse, la force et l'agilité qui s'acquièrent par les exercices intelligents et répétés du corps. Les Allemands, gens pratiques par excellence, savent tout le parti qu'on peut tirer d'un homme soumis impitoyablement à un système d'entraînement bien entendu. En effet, tout homme, avant de recevoir un fusil, est soumis à des exercices d'assouplissement auxquels on revient fréquemment pendant tout le temps de sa présence sous les drapeaux. Aussi l'armée allemande supporte-t-elle des fatigues et des marches forcées dont elle nous a donné de nombreuses preuves pendant la dernière guerre.

Rien ne devrait nous arrêter dans cette voie : encouragement, récompense, il faudrait tout mettre en œuvre pour obtenir un résultat si important que les grandes manœuvres d'automne serviraient à constater. Les exercices d'assouplissement, la gymnastique pratique et non de parade, accompagnée de sauts en hauteur et en longueur, la course, la pointe, la contre-pointe, le bâton, et surtout l'escrime à la bayonnette, enseignée autant au point de vue de la légèreté et de la rapidité des mouvements, qu'à celui de la sûreté et de la force des coups ; tous ces exercices, concurremment avec ceux du tir, devraient occuper la plus grande partie de leur temps.

Nous remarquerons ici que dans l'armée allemande on emploie un mannequin figurant un homme comme objectif pour l'escrime à la bayonnette.

L'école des tirailleurs, autrefois bien négligée, devrait surtout attirer notre attention. Cherchons à l'exécuter avec un ordre relatif, mais efficace. Cet exercice est aussi dans le tempérament français. Les tirailleurs, employés judicieusement dans nos guerres à venir, nous rendront des services signalés, et pourront, comme les 2,000 hommes du général de Failly à Traktir, changer en victoire certaine une défaite possible causée par un mouvement non prévu de l'ennemi.

Un chef de corps d'armée sera toujours en mesure de prendre telles dispositions qui pourront le mieux seconder ses intentions, s'il est à distance, couvert par un fort rideau de tirailleurs bien exercés, habiles à profiter des moindres mouvements de terrain et des moindres circonstances.

C'est ici le cas de citer une de nos profondes erreurs que les Allemands ont évité avec soin : nous voulons parler du manque complet d'initiative des chefs de fractions constituées, soit de régiment, de bataillon ou de compagnie. Il serait bien vivement à désirer que ces fractions pussent se mouvoir beaucoup plus librement, en présence de l'ennemi, tout en ne s'écartant pas du plan général des opérations tactiques du corps d'armée auquel elles appartiennent. On ne verrait plus cette crainte d'engager sa responsabilité en exécutant un mouvement commandé par les circonstances, mais ni prévu ni ordonné. Notre dernière campagne nous en montre de nombreuses preuves ; mais pour n'exciter la susceptibilité de personne, nous aimons mieux retourner en Italie et raconter un fait de la bataille de Solférino, qui fut caractéristique.

Vers trois heures du soir, le maréchal Canrobert, commandant le 3ᵉ corps, chargé de garder la route de Mantoue, envoya la 1ʳᵉ brigade de la division Trochu au secours du 4ᵉ corps engagé en avant de Médole depuis cinq heures du matin. Cette brigade partit au pas précipité pour renforcer la droite de la ligne. Le 44ᵉ, placé à l'extrême droite, se déploya par bataillons en masse et marcha dans cet ordre au devant de l'ennemi. Le pays était couvert, on ne voyait pas au delà de cinquante pas. Tout à coup une brigade autrichienne cachée par les arbres, et débordant notre ligne, ouvrit un feu de mousqueterie et d'artillerie des plus nourris. La compagnie de voltigeurs se déploya en tirailleurs au pas de course et attendit, en répondant au feu, l'arrivée du bataillon pour charger les Autrichiens et les déloger de leur position. Que se passait-il pendant vingt mortelles minutes que dura cette attente ? Le chef de bataillon, après avoir fait converser son bataillon à droite, demanda au colonel s'il fallait charger, celui-ci l'envoya au général. Le général qui surveillait la ligne et était pour le moment occupé vers le centre, répondit naturellement que c'était au colonel à juger la situation ; celui-ci refusa de s'engager et comme la brigade ennemie continuait son feu, prenant toute la ligne en écharpe et maltraitant fort le deuxième bataillon du régiment arrêté à plus de 600 mètres de celui de droite, le commandant prit sur lui de faire charger son bataillon fort de 700 hommes contre cette brigade de 6,000 hommes. Le succès, comme toujours dans ces circonstances, couronnant son audace, il fit lacher pied à l'ennemi et le conduisit, la bayonnette dans les reins, à plus d'un kilomètre, lui prenant deux canons, un bon nombre de prisonniers et évitant à notre extrême droite un mouvement tournant que tentaient ces troupes.

Ce fait entre mille, ne plaide-t-il pas victorieusement en faveur du vœu que nous formons ?

Une autre réforme, cause première de l'incertitude des chefs de fractions constituées, consisterait à faire cesser l'ignorance absolue

dans laquelle on les laisse sur la position occupée par l'ennemi ;
le genre d'opération que l'on veut tenter ; le but que l'on cherche à
atteindre ; le nombre et la force des soutiens de droite, de gauche
et en arrière. Ces renseignements donneraient plus d'aplomb et
d'intelligence dans l'exécution de chaque mouvement et ôteraient
à tous ces officiers l'incertitude qu'ils éprouvent après avoir atteint
le but momentanément indiqué, ou la résolution qu'ils doivent
prendre en cas d'insuccès.

NOS SOUS-OFFICIERS

Une autre question qui touche de près à celle que nous traitons
et qui en compose le rouage principal, est celle concernant le cadre
des sous-officiers, dont le difficile recrutement inquiète, à bon
droit, tous ceux qui ont le souci de la bonne et forte organisation
de notre armée nouvelle. Les avantages nouvellement accordés
pour les retenir sous les drapeaux sont impuissants et nous mar-
chons à grands pas vers un état de choses que nous devons éviter
à tout prix.

La loi de 1855, instituant les primes de rengagement, que l'on a
supprimée radicalement au lieu de la modifier seulement, avait du
bon et du mauvais ; nous pensons que si on en rappelait, au bénéfice des sous-officiers seulement, la prime de rengagement qu'elle
leur accordait, en leur maintenant bien entendu tous les avantages
nouvellement concédés jusqu'à ce jour, on aurait résolu la question
au bénéfice de l'armée, cette prime ne fut-elle que de 1,500 francs,
sur lesquels 500 francs remis de suite et 1,000 francs à la fin de leur
service ou à leur nomination d'officier.

S'il est constant pour tout le monde que nous ne saurions nous
passer d'un bon cadre de sous-officiers robustes, instruits de tous
leurs devoirs, nos soins ne doivent-ils pas tendre à leur éviter des
fatigues inutiles qui pourraient à un moment critique nous priver
partiellement de leurs services. Pourquoi alors ne pas leur ôter le
sac et le fusil, ou au moins le premier de ces objets comme nous
l'avons fait au sergent-major ? Ne sont-ils pas tous également

utiles ? Le sergent trouvera toujours à vivre en campagne sans porter des vivres sur son dos.

Au moyen de ces deux avantages, vos sous-officiers resteront, et la France n'en sera pas plus pauvre, puisque les engagements conditionnels d'un an couvriront la dépense nécessitée par la prime de rengagement qui, à notre avis, ne saurait être inférieure au chiffre indiqué plus haut.

La limite de douze années de service pour les sous-officiers est trop courte, on pourrait facilement la porter à 14 ans sans nuire à leur carrière. L'armée y gagnerait les deux meilleures années de leur service, et eux augmenteraient en conséquence la proportionnalité de leur retraite.

L'ARMÉE TERRITORIALE

Dans tout ce qui précède, nous avons cherché, quoique bien imparfaitement, à dire notre sentiment sur le parti que l'on peut tirer de nos soldats. Notre thèse paraîtra sans doute hardie aux hommes amoureux de l'art rétrograde, qui ne considèrent les exemples des combats livrés sous le second Empire que comme des accidents ne prouvant rien contre les vieux principes de l'art ancien. Mais tous ceux qui, comme nous, ont vu nos hommes à l'œuvre, et ne pensent pas qu'un principe doit quand même survivre dans toutes ses parties, malgré les progrès de l'ère moderne et les changements commandés par le perfectionnement des engins de guerre, se rangeront de notre avis, nous l'espérons, et la tâche que nous avons entreprise serait terminée tant bien que mal, si la formation en projet de l'armée territoriale, ce complément indispensable à la force de notre armée, ne nous inspirait quelques inquiétudes sur sa future organisation. L'institution de la garde mobile qui l'a précédée n'est vraiment pas faite pour nous rassurer, si, à quelques exceptions près, on doit suivre les mêmes errements. En Allemagne, la landwehr est essentiellement militaire ; elle est employée à la guerre sans plus de façons que l'armée active. Tous les hommes qui la composent, officiers et soldats, ont reçu une instruction mi-

litaire complète : les soldats, en faisant trois années de service actif,
et les officiers, en suivant les cours des écoles militaires ou du vo-
lontariat d'un an, autrement sérieux que celui de France. Nous
voulons bien croire que dans la suite il en sera ainsi chez nous,
mais avec quels éléments allons-nous commencer ? Avec des classes
antérieures dont la plus grande partie des hommes n'aura pas
touché un fusil ! Et avec un nombre considérable d'officiers pris
dans l'élément civil, incapables, malgré leur meilleure volonté, de
rendre des services utiles comme commandants de compagnie. Ce
sera une seconde édition de la garde mobile sans changements
appréciables, quand bien même tous les officiers supérieurs sorti-
raient de l'armée. Que peut faire un officier supérieur sans éléments
suffisants pour l'aider dans l'organisation et l'instruction d'un corps
où tout est à créer ? Et croyez-vous que beaucoup de capitaines en
retraite, après avoir donné trente années de leur vie à la France
pour un mince revenu viager, qui leur permet à peine, avec leur
famille, de vivre modestement, vous demanderont à recommencer
dans les conditions les plus ingrates une existence de sacrifices
sans aucune compensation ? Ce serait trop attendre de leur dé-
vouement, et, malgré tout leur bon vouloir, il serait impossssible à
la plupart d'entre eux de supporter les frais de tenue et de déplace-
ment que nécessitera certainement la formation des corps et l'instruction des hommes.

Le traitement qui a été fait pendant la dernière guerre aux officiers
en retraite faisant partie de la garde mobile, n'a rien d'encoura-
geant : sous le bénéfice d'une loi surannée qui défend le cumul
d'une solde d'activité avec une pension de retraite, l'Etat s'est servi
sans scrupule d'officiers qu'il trouvait trop vieux pour être conser-
vés dans les rangs de l'armée active, en ne leur accordant qu'une
indemnité insuffisante, ou la différence, selon le cas, du montant de
leur pension de retraite avec la solde d'activité de la dernière classe
de leur grade. Et les conséquences de cette mesure ont été poussées
si loin, que le ministre de la guerre s'est vu dans la nécessité, par
respect pour cette même loi, de refuser à tous les officiers de la
garde mobile, pourvus d'une pension de retraite et faits prisonniers
de guerre, la solde de captivité de leur grade, les mettant ainsi
dans la nécessité ou de laisser leur famille dans le besoin, ou de
manquer eux-mêmes du nécessaire. Ce traitement n'était-il pas en
contradiction flagrante et contraire à l'équité, quand on le compare

à celui qui fut naturellement fait aux officiers sortant de l'élément civil, traités sur le même pied que leurs camarades de l'armée active, quelle qu'ait été leur situation de fortune, résultant de leur naissance ou du fruit de leur travail? Trente années au service de la patrie ne créent donc pas un droit sur la pension de retraite égal à celui d'une fortune acquise dans le commerce? Énoncer cette proposition, n'est-ce pas la résoudre? Et on est en droit de déplorer qu'une législation bonne peut-être dans le passé, alors que nos institutions militaires n'entrevoyaient pas l'emploi ultérieur des officiers en retraite, puisse priver aujourd'hui l'État de serviteurs éclairés pour en prendre de forcément étrangers au métier ou peu s'en faut, et qu'à un moment donné il faudra payer comme s'ils étaient capables de rendre des services qu'une longue pratique et des études spéciales peuvent seules donner.

Qui veut la fin veut les moyens. Dans la formation de l'armée territoriale, tout dépendra du point de départ : si les corps ne sont pas établis dès l'abord sur un pied régulier et solide, nous n'en tirerons aucun parti utile. Nous connaissons les difficultés d'organisation d'un régiment nouveau, quand tous les éléments composés de fractions constituées sont fournis par d'autres corps ; elles seront naturellement bien plus grandes ici, puisque tout sera à créer. Ces corps devront être organisés en vue de la guerre et non en vue d'une paix éternelle ; ils devront donc pouvoir se mettre en marche, pourvus de tous leurs rouages, et non pas présenter le désordre administratif des mobiles, désordre plus coûteux à la France que quelques sacrifices immédiats, assurant une institution régulière, susceptible de bien fonctionner et pour laquelle le concours éclairé des gens du métier sera de première nécessité. Dans peu d'années, quand le jeu régulier des classes et le progrès continu des volontaires d'un an, vigoureusement conduits nous aura donné des éléments militaires suffisants, nous pourrons laisser nos officiers en retraite jouir d'un repos bien gagné ; mais en attendant, si nous voulons utiliser leurs services, donnons-leur les moyens de répondre à notre appel. Alors nous pourrons réellement créer des corps de troupe aussi bien organisés que possible, fonctionnant bien en temps de paix et capables de rendre des services à la patrie en danger.

Une fois ces éléments obtenus, il serait utile et facile de créer des cours d'exercices cantonaux *obligatoires* pour tous les hommes appelés à faire partie du corps régional, en employant les dimanches à cet important objet, sans préjudice de la réunion générale pour laquelle ces exercices les prépareront. Avec deux années de ce régime, nos compagnies prendront tournure et pourront commencer à faire figure à côté de celle de l'armée ; et les habitants des campagnes en sentiront les effets par une émulation, un esprit d'ordre et de conduite qui ne sont pas à dédaigner en ce temps-ci.

Le maréchal Niel, de regrettée mémoire, avait bien compris le danger de la patrie quand il tenta de créer à l'armée un auxiliaire sérieux. La mort de cet éminent ministre interrompit son œuvre qu'il eut certainement menée à bonne fin en la modifiant par l'expérience. Ses successeurs, obéisssant à une opposition que nous connaissons tous, la laissèrent péricliter, et à l'heure du danger cette immense ressource nous manqua; nous eûmes des foules, mais pas un soldat.

Évitons-donc ce péril ; une nouvelle épreuve semblable pourrait nous être fatale. Tout Français, valide et digne de ce nom, ou seulement soucieux de sa fortune et de l'avenir de ses enfants, doit s'empresser, par sa bonne volonté, son patriotisme et même son intérêt, se mettre en mesure de remplir ses devoirs en cherchant par tous les moyens possibles une instruction militaire que tout homme devra posséder dans l'avenir.

C'est une question de grandeur ou d'abaissement, c'est-à-dire de vie ou de mort pour la patrie.

Tonnerre. — Typ. et lith. BAILLY et HORRY